まちごとチャイナ

Beijing 009 Lugouqiao

盧溝橋と周口店

マルコポーロ・ブリッジと「北京原人」

Asia City Guide Production

【白地図】北京近郊図

CHINA
北京

北京近郊図

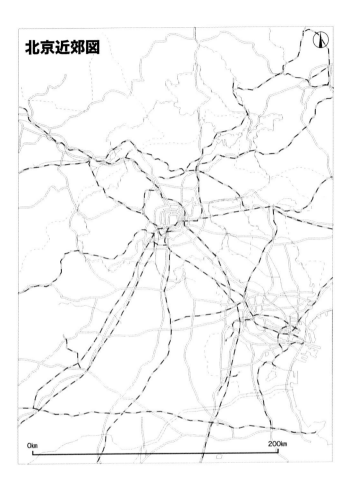

Lugouqiao 白地図

【白地図】北京市街

CHINA
北京

北京市街

Lugouqiao

白地図

【白地図】北京市街南西部

CHINA
北京

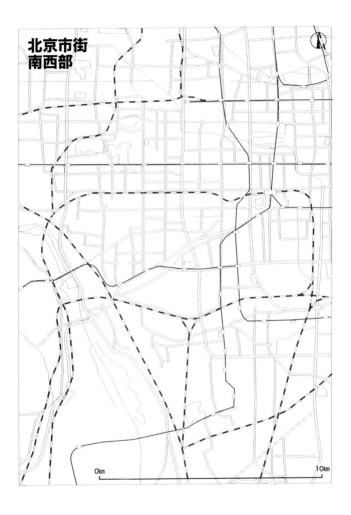

【白地図】盧溝橋

CHINA
北京

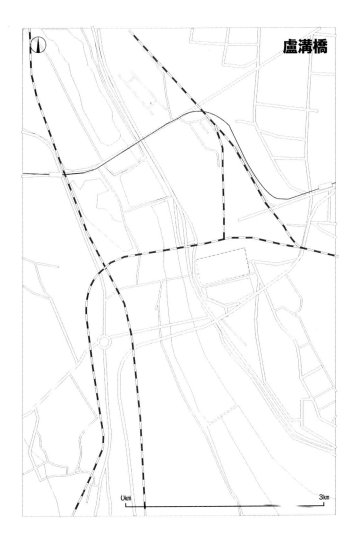

【白地図】周口店と房山区

CHINA
北京

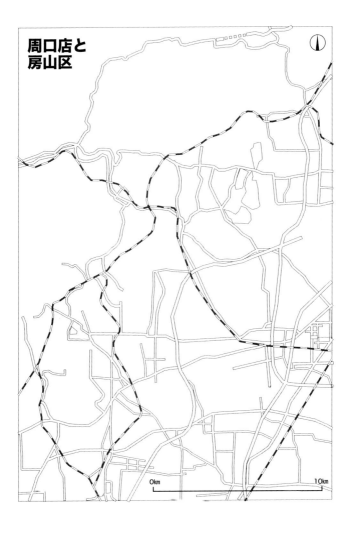

【白地図】周口店北京原人遺跡

CHINA
北京

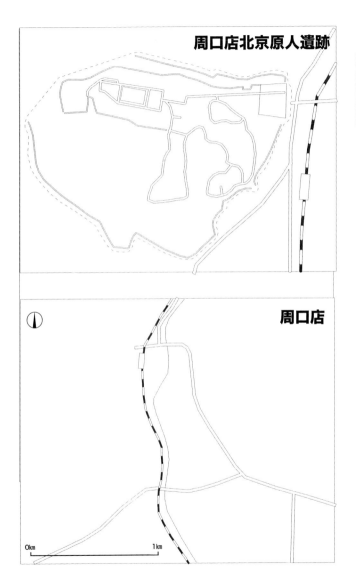

【白地図】北京南西郊外

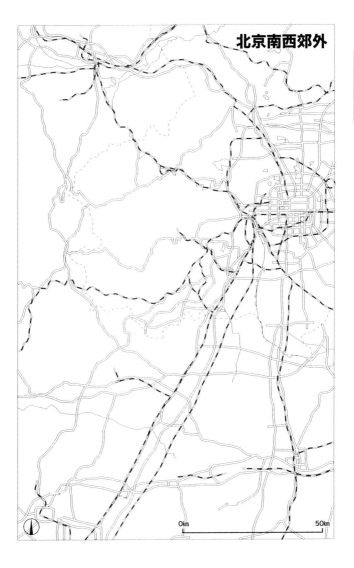

【白地図】潭柘寺

CHINA
北京

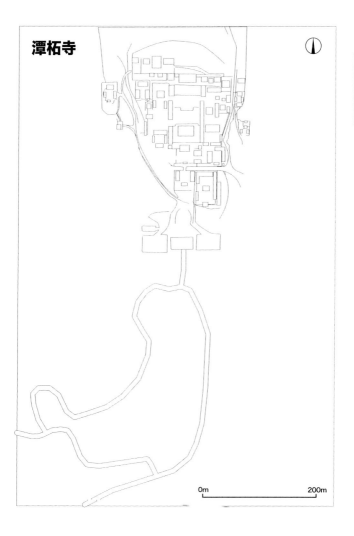

【白地図】川底下村

CHINA
北京

【白地図】北京市街南部

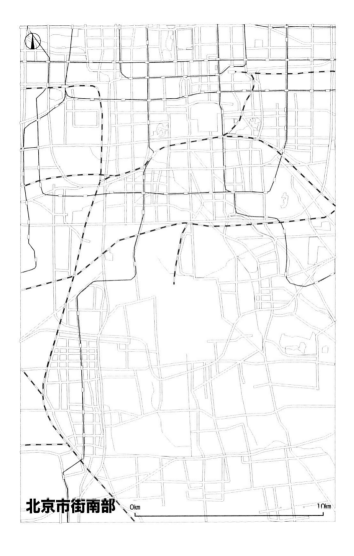

Lugouqiao 白地図

北京市街南部

【白地図】亦荘

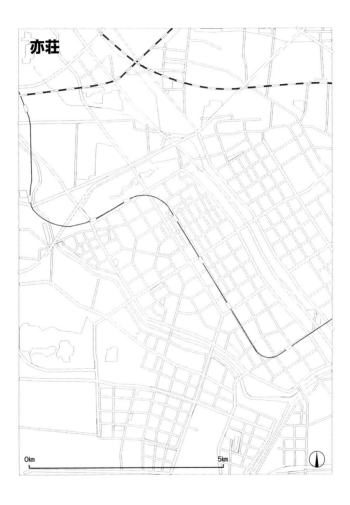

Lugouqiao 白地図

【まちごとチャイナ】

北京 001 はじめての北京
北京 002 故宮（天安門広場）
北京 003 胡同と旧皇城
北京 004 天壇と旧崇文区
北京 005 瑠璃廠と旧宣武区
北京 006 王府井と市街東部
北京 007 北京動物園と市街西部
北京 008 頤和園と西山
北京 009 盧溝橋と周口店
北京 010 万里の長城と明十三陵

市街西部を流れる永定河の渡河地点にかかり、石づくりの美しいアーチ姿を見せる盧溝橋。金代の1192年に創建されてから、かつて北京へいたる旅人が必ず通ったと言われる橋で、マルコ・ポーロが『東方見聞録』に紹介したことで西欧でも知られるようになった。

この盧溝橋のさらに南西、市街中心部から50km離れた周口店では、50万年前からこのあたり一帯で生活していた北京原人の骨が20世紀初頭に発見された。現在、北京原人の骨が出土した第1点（猿人洞）、周口店遺址博物館が公開され、世界

盧溝橋と周口店
卢沟桥 lú gōu qiáo ルゥゴウチャオ
Lu Gou Qiao

遺産にも指定されている。

　また華北平原に続く北京市街に隣接し、燕山山脈の支脈にあたる北京南西郊外の山稜地帯には北京でもっとも由緒正しい潭柘寺、戒台寺といった古刹が残る。市街から伸びる街道を進めば、川底下村のように明清代の四合院様式の建物が見られる美しい村も点在する。

【まちごとチャイナ】

北京 009 盧溝橋と周口店

目次

盧溝橋と周口店 …………………………………………xxiv

アーチを描く橋梁…………………………………………xxx

盧溝橋鑑賞案内……………………………………………xxxix

周口店鑑賞案内……………………………………………xlix

化石が映し出す人類進化…………………………………lxiii

北京南西城市案内…………………………………………lxix

北京南城市案内 ……………………………………………lxxxvii

世紀の発見と失踪…………………………………………xcviii

【MEMO】

【地図】北京近郊図

【地図】北京市街南西部の [★★★]
- [ ] 盧溝橋 卢沟桥 ルゥゴォウチャオ
- [ ] 周口店北京原人遺跡 周口店北京人遗迹 チョウコウディエンベイジンレンイィチィ

【地図】北京市街南西部の [★★☆]
- [ ] 潭柘寺 潭柘寺 タンチェエスー
- [ ] 川底下村 川底下村 チュゥアンディシャアチュン

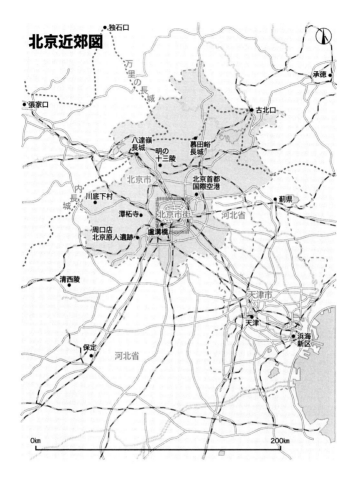

アーチを描く橋梁

CHINA
北京

北京西部を流れる永定河
その渡河地点にかけられた盧溝橋
大理石製の美しい橋は中国を代表する建造物

盧溝橋とは

北京の街は三方向を山に囲まれ、南だけが華北平原に向かって開けているという地理をもつ。そのためかつては北京に入ろうとする旅人は必ず盧溝橋を通り、この盧溝橋の岸にあった宿で一泊してから翌日、北京城へ向かったという（1192年、北京南西にあった金の中都にいたる街道にかけられた）。13世紀はじめにチンギス・ハンが金の都を陥落させたときも、盧溝橋を破壊しなかったために次の時代に残り、明清時代を通じて洪水による破壊と修理を繰り返して今にいたる。金の章宗が定めた燕京八景のひとつ、「盧溝暁月（盧溝橋の暁

▲左 マルコ・ポーロがこの橋を絶賛した。　▲右 盧溝橋の石獅子、すべて表情が違う

月)」の景色でも知られている。

マルコ・ポーロが見た盧溝橋

元代の13世紀、フビライ・ハンの宮廷を訪れ、中国を旅したマルコ・ポーロが「全く世界中どこを捜しても匹敵するものはないほどのみごとさ」と『東方見聞録』のなかで紹介したことから、盧溝橋は西欧人からマルコポーロ・ブリッジと呼ばれている。そのなかで「二十三の橋脚が二十四のアーチを支えている」「橋梁全体が灰色の大理石でできていて、その細工はきわめて精巧で組立はすこぶる堅牢である」「騎馬

の十人が横に一列になってならんで渡ることができる」などと当時（元代）の様子を伝えている。

日中戦争はじまりの地

清朝末期の1900年、西欧列強による中国の侵略が進むなか、「扶清滅洋」をかかげる義和団事件が起こり、それはやがて列強の八カ国連合軍によって鎮圧された。義和団鎮圧後も列強諸国は軍を引きあげることなく、各国公使館の治安維持のために各国の軍が北京に駐屯するようになっていた。日本の清国（支那）駐屯軍も天津、通州、盧溝橋と広安門のあいだ

▲左　1937年7月7日、盧溝橋から日中戦争がはじまった。　▲右　中国語、英語、日本語で記された看板

の豊台などに駐屯し、そこでたびたび軍事演習が行なわれていた（1931年、中国東北部で満洲国が建国されている）。こうしたなか1937年7月7日の夜、日本軍の軍事演習中に起こった衝突（盧溝橋事件）をきっかけとして日中戦争がはじまり、そこから1941年に太平洋戦争へと戦線は拡大、泥沼のような戦争へ突入することになった。

【地図】北京市街

CHINA
北京

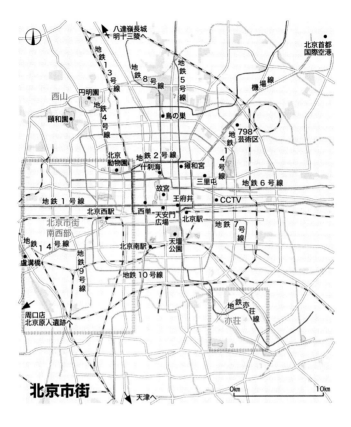

【地図】北京市街南西部

【地図】北京市街南西部の [★★★]
- 盧溝橋 卢沟桥 ルゥゴォウチャオ

【地図】北京市街南西部の [★☆☆]
- 永定河 永定河 ヨンディンハァ
- 大葆台西漢墓博物館 大葆台西漢墓博物館 ダァバオタイスィーハンムゥボォウーガン

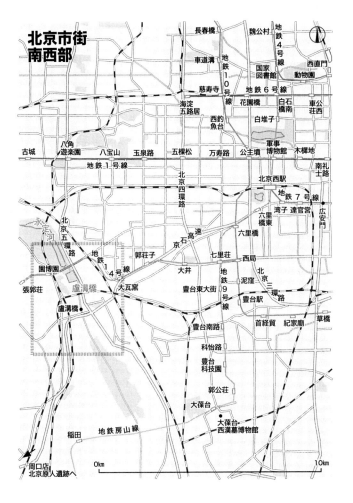

北京市街南西部

Lugouqiao　アーチを描く橋梁

【MEMO】

CHINA
北京

Guide,
Lu Gou Qiao
盧溝橋
鑑賞案内

美しいアーチを描く盧溝橋
橋のうえにはひとつひとつ表情の異なる
獅子が彫りこまれている

盧溝橋 卢沟桥 lú gōu qiáo ルゥゴォウチャオ ［★★★］

北京市街から南西に 15km、永定河にかかる 11 幅のアーチをもつ石づくりの盧溝橋（盧溝橋の名前は、永定河が古くは盧溝河と呼ばれていたこにちなむ）。漢白玉製の橋は長さ 266.5m、幅 9.3m で、橋の両側にはそれぞれ 140 の欄杆柱が建てられ、そのうえには 498 体もの獅子が彫刻されている。それらの獅子はすべて異なるかたちをしていて、「盧溝橋の獅子ほど（多い）」と表現される。1937 年、この橋の近くで盧溝橋事件が起こったという歴史があり、橋の近くには盧溝橋史料陳列館がおかれている。

【地図】盧溝橋

【地図】盧溝橋の ［★★★］
- ☐ 盧溝橋 卢沟桥 ルゥゴォウチャオ

【地図】盧溝橋の ［★☆☆］
- ☐ 永定河 永定河 ヨンディンハァ
- ☐ 宛平城 宛平城 ワンピンチャン
- ☐ 盧溝橋史料陳列館 卢沟桥史料陈列馆
 ルゥゴゥチャオシィリャオチェンリィエガン

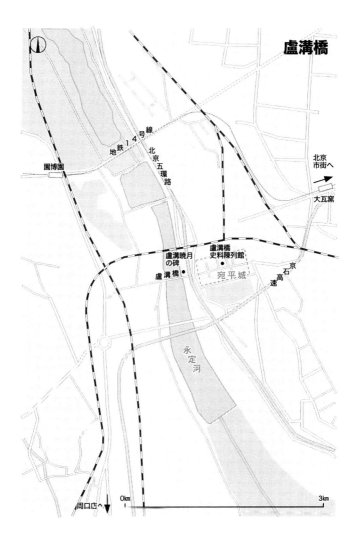

永定河 永定河 yǒng dìng hé ヨンディンハァ ［★☆☆］

山西省を水源とする永定河は、北京市街西部を通って天津にいたり、海河に合流して渤海にそそぐ。古くから大きな氾濫を繰り返すので無定河と呼ばれていたが、清朝第4代康熙帝の時代に石の堤防が築かれたことで流れが安定し、永定河と呼ばれるようになった。川の岸辺では石灰が多く産出され、その石灰は「西山の煤炭」と呼ばれて、冬に暖をとる用として北京市街へと運ばれた。

▲左 石獅子がならぶ様子は壮観。　▲右 アーチを描く橋梁、永定河は干上がっていた

Lugouqiao 盧溝橋鑑賞案内

盧溝暁月の碑

夜明け前の暁の空のなか、永定河と空に残る月、東の空が白んでいく情景は、「盧溝暁月」と呼ばれて燕京八景のひとつにあげられている。これは中都（北京）に都をおいた金の章宗が定めたもので、その後、清朝第6代乾隆帝が橋のほとりに立てた「盧溝暁月の碑」が残っている。盧溝橋の表記には、「蘆溝橋（くさかんむりの「蘆」）」と「盧溝橋」がもちいられてきたが、1981年になって石碑に記された乾隆帝直筆の「盧溝暁月」から、盧溝橋と統一された（簡体字では「卢沟桥」と書く）。

北京

金の章宗が定めた燕京八景

「瓊島春陰（北海公園の春）」

「太液秋風（中海の秋）」

「薊門飛雨（徳勝門に降る雨）」

「盧溝暁月（盧溝橋の暁月）」

「玉泉垂虹（玉泉山の虹）」

「西山積雪（香山の雪）」

「居庸疊翠（居庸関の緑）」

「金台夕照（金台の夕暮れ）」

▲左　盧溝橋史料陳列館、中国人が多く訪れていた。　▲右　乾隆帝直筆の「盧溝暁月」の石碑

宛平城 宛平城 wǎn píng chéng ワンピンチャン［★☆☆］

盧溝橋の東側に位置する宛平城は、清末に鉄道が開通するまで宿場町として知られていた。北京を防衛する目的で、明代の1640年に完成し、東西640m、南北320mで高さ10mの壁で囲まれている（東の順治門からは北京に、西の威厳門は盧溝橋にいたる）。盧溝橋事件が起きたとき、人口2000人ほどが暮らしていて、盧溝橋事件前の緊張が高まったとき、豊台に駐屯していた日本軍の城内通過を拒否することもあったと伝えられる。

CHINA
北京

盧溝橋史料陳列館 卢沟桥史料陈列馆 **lú gōu qiáo shǐ liào chén liè guǎn** ルゥゴゥチャオシィリャオチェンリィエガン[★☆☆]

宛平城内に位置する盧溝橋史料陳列館。1937年7月7日に起こった盧溝橋事件から日中戦争、1945年の終戦にいたる流れが展示されている。1981年に開館した。

盧溝橋事件（七七事変）と日中戦争の開始

1937年7月7日の夜、日本軍は夜間演習のために豊台の兵営を出て、盧溝橋東端から北1400mに位置した竜王廟近くの演習地へ向かった。軍事演習を行なっていた日本の中隊の

Lugouqiao 盧溝橋鑑賞案内

なかに十数発の小銃弾が打ち込まれ、それを発端として日本軍と中国軍の双方が衝突した。この発砲事件の真相はいまだにはっきりしておらず、発砲したのは中国の第二十九軍説、日本人説、その他の説（軍閥系、中国共産党、国民党系の特務機関）が考えられる。盧溝橋での局地戦はひとまず停戦になったものの、日本の強硬派や中国の主戦派を勢いづかせ、盧溝橋事件から日中戦争へと拡大した。

Guide, Zhou Kou Dian
周口店
鑑賞案内

周口店鎮から3kmほど離れた
竜骨山に位置する周口店遺跡
ここで北京原人の化石が発掘された

周口店北京原人遺跡 周口店北京人遗迹
zhōu kǒu diàn běi jīng rén yí jì
チョウコウディエンベイジンレンイィチィ ［★★★］

北京市街から南西50kmに位置する周口店（西部と北部に連なる山稜と華北平原が交わり、山と河、平野を備える）。20世紀初頭、この地で、今から50〜20万年前にこのあたり一帯で生息した北京原人の化石が発掘された。北京原人は現生人類とは異なる人類進化形態のひとつ原人に分類され、直立二足歩行をし、火を使って鹿や獣を食していた。北京原人の発掘過程で、今から1万9000年前に生きた山頂洞人も発掘

【地図】周口店と房山区

【地図】周口店と房山区の [★★★]
- [ ] 周口店北京原人遺跡 周口店北京人遗迹 チョウコウディエンベイジンレンイィチィ

【地図】周口店と房山区の [★★☆]
- [ ] 潭柘寺 潭柘寺 タンチェスー
- [ ] 戒台寺 戒台寺 ジエタイスー

周口店と房山区

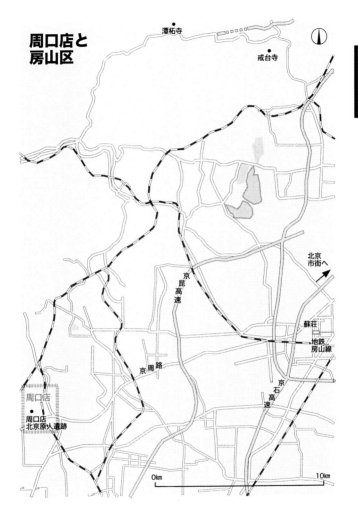

Lugouqiao　周口店鑑賞案内

【地図】周口店北京原人遺跡

【地図】周口店北京原人遺跡の [★★★]
- [ ] 周口店北京原人遺跡 周口店北京人遗迹
    チョウコウディエンベイジンレンイィチィ

【地図】周口店北京原人遺跡の [★★☆]
- [ ] 第1地点（猿人洞）第1地点ディイィディディエン

【地図】周口店北京原人遺跡の [★☆☆]
- [ ] 竜骨山 龙骨山ロングゥシャン
- [ ] 周口店遺址博物館 周口店遗址博物馆
    チョウコウディエンイーチイボォウーガン
- [ ] 山頂洞 山顶洞シャンディンドォン
- [ ] 第15地点 第15地点ディシィウーディディエン
- [ ] 第4地点 第4地点ディスーディディエン

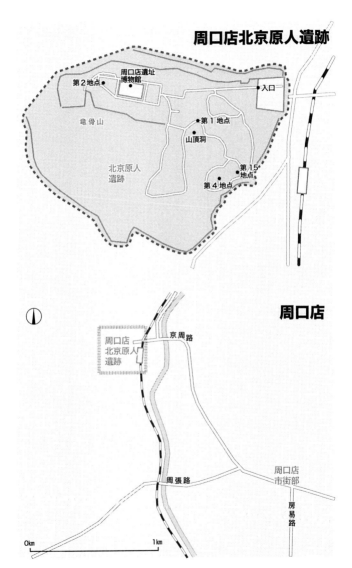

され、周口店近郊での人類の活動は50万年前から長期にわたって続いていることが判明した（石灰岩の洞窟であったため、骨が残りやすかった）。数十万年という期間の長さや、40体以上の人類化石など発掘物の豊富さから古代人類を知る貴重な手がかりとなっていて、1987年、世界遺産に登録された。

竜骨山 龙骨山 lóng gǔ shān ロングゥシャン [★☆☆]

石灰岩でできた小高い竜骨山を中心に東西1.5km、南北3kmに、遺跡群が分布する（竜骨とは動物などの化石のことで、漢方

▲左　ここが化石が発見された第1地点（猿人洞）。　▲右　現生人類とは異なる人類の原人

薬の材料として使われ、この山でよく採取されていた）。このあたりは宋代から石灰岩の採掘場として知られ、華北に広く分布していた北京原人の化石を、石灰岩が保存していたと考えられる。海抜170m。

第1地点（猿人洞）第1地点
dì yī dì diǎn ディイィディディエン [★★☆]

竜骨山山頂から50mほど下の北斜面に開かれた第1地点（猿人洞）。洞窟の入口から底まで90mの深さがあり、その奥行きは100m、幅は25mになる。1918年以来、アンダーソン

CHINA
北京

をはじめとする学者の発掘がはじまり、1921年にここで古人類のものと見られる臼歯が発見され、その後、1929年にはじめて北京原人の頭蓋骨が発見された(水に溶けやすい石灰岩に地下水が侵食し、洞窟や裂け目ができ、そこに堆積物が重なっていた)。ここからは人類やほ乳類の化石以外にも、石器、石片など膨大な出土品が確認されている。

周口店猿人洞
断面図

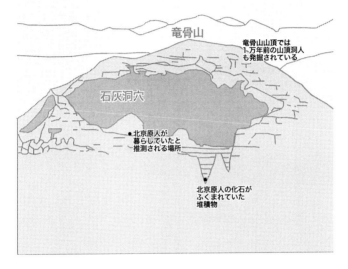

周口店遺址博物館 周口店遗址博物馆 zhōu kǒu diàn yí zhǐ bó wù guǎn チョウコウディエンイーチイボォウーガン［★☆☆］

竜骨山の中腹に位置する周口店遺址博物館。ここでは北京原人の暮らしとともに、北京原人が使った打製石器や当時、生息したサーベルタイガーやハイエナの化石、発掘の歴史に関するものなどが展示されている。北京原人が使った石器には大小、種類があり、対象物の大きさ、硬さによって道具を使いわけていたという。

CHINA
北京

山頂洞 山顶洞 shān dǐng dòng シャンディンドォン [★☆☆]

1930年、北京原人を発掘する過程で発見された山頂洞。山頂洞人は今から1万9千万年前に生きた新人で、中国人の直接の祖先にあたる(原人は現生人類とは別の人類)。山頂洞の大きさは東西14m、南北8mになり、居住区、倉庫、墓地を備えていた。農耕牧畜がはじまる以前の遺跡で、その後の新石器時代へとつながっていく段階にあるものとして注目されている。

▲左　北京原人の発掘に情熱を注いだ人々の肖像が展示されている。　▲右　火を使う北京原人の様子

山頂洞人の姿

山頂洞では、その数男女7、8体分の完全な頭骨、上下顎骨、躯幹骨などが発見されている。男性174cm、女性は159cm程度の背丈で、現代人と変わらない1300〜1500ccの脳の容量をもつ。山頂洞人が生きた1万9千年前には、男女の分業が進み、男は狩猟と漁撈、女と老人、子供は植物の採集をしていたと考えられる。また獣皮を縫製して衣服をつくり、牙や骨製のネックレスを身に着けていたほか、死者を埋葬するという文化も見られた。

第 15 地点 第15地点 dì shí wǔ dì diǎn ディシィウーディディエン [★☆☆]

1万点におよぶ石器が出土した第15点。その多くが14万年前〜11万年前のもので、1934年〜37年にかけて発掘された。

第 4 地点 第4地点 dì sì dì diǎn ディスーディディエン [★☆☆]

第15点から西10mほどのところにある第4点。化石と石器、そのほかに火を使った炉のあとが発見された。

▲左　周口店北京原人遺跡は世界遺産にも指定されている。　▲右　遺跡の入口にあるチケット売り場

第13地点 第13地点
dì shí sān dì diǎn ディシィサンディディエン [★☆☆]

竜骨山から南に1.5km、山稜の東斜面に位置する第13点。この洞穴の堆積物からは石器やほ乳類の化石が出土し、北京原人のなかでも最古級の痕跡が見られた。

化石が映し出す人類進化

今から50万年も昔に生きた北京原人
獲物を狩り、火を使って調理するなど
この地でのヒトの営みは数十万年続いた

北京原人の生活

北京原人は数十人のグループで獲物をとり、一方で植物、根菜類などを採集していた。堆積物に見られる動物のなかでは、大角鹿がもっとも多く、ほかにホラアナクマ、サーベルタイガー、ヒョウ、ゾウ、さい、らくだ、水牛などを食していたと考えられる（肉食することで原人の脳の容量が増えた）。また堆積物から焼けた化石、骨や灰などが出土していて、北京原人が火を使用していたことがわかっている。野火などから火種をもち帰って管理したと考えられ、植物の調理加工、また寒い環境へ適応できるようになった。出土した化石の分

CHINA
北京

析から、北京原人が暮らしたころの周口店は、今よりも温暖で、森林や草原が広がっていたという(北京原人以後、旧石器時代から新石器時代にうつるあいだに黄土が堆積した)。

原人とは

地球の歴史は46億年あるとされ、そのあいだに微生物から水中生物、陸上生物、ほ乳類、類人猿、人類へと進化を遂げてきた。人類は今から700万年〜500万年前に、類人猿(チンパンジー)からわかれてアフリカで生まれ、世界中に広がった。人類の最大の特徴は直立二足歩行で、移動範囲が増え、

▲左　猿人、原人、旧人と進化して新人（現生人類）が現れた。　▲右　北京原人の彫刻、50万年前の人類の姿

脳が巨大化したことで複雑なコミュニケーションを獲得できた。その進化の過程で猿人、原人、旧人、新人という4つの発展段階をへていて、今日まで約20種類の人類が存在したが、現在、環境に適応し、生き残っているのは現生人類のみとなっている。原人には北京原人のほか、ジャワ原人などがあげられる。

▲左 薪を火にくべる北京原人の様子。 ▲右 洞窟内の堆積物から発見された化石がならぶ

北京原人の姿

周口店で発掘された北京原人の化石は、頭蓋骨の破片、歯、大腿骨など40体分に相当する。大きな特徴として眼窩上隆起(眉毛のうえの部分が突き出している)があげられ、現生人類とは異なる原人や類人猿の特徴として知られる。頭蓋骨は猿に近く、北京原人の脳の容量は850〜1200cc(平均は1000cc)で、現生人類にはおよばない。身長は157cm程度、肌の色は黒ではなく白に近かったのではと推測されている。動物に食べられたり、食料不足などから寿命は短く、3人にひとりは14歳を迎えるまでに死んだと推測される。

【MEMO】

Guide,
Bei Jing Xi Nan Di Qu
北京南西
城市案内

北京屈指の古刹、潭柘寺はじめ
戒台寺や雲居寺など
古い伽藍様式を残す寺院群が点在する

雲居寺 云居寺 yún jū sì ユンジュウスー ［★★☆］

北京市街から西南に75km、河北省にほど近い場所に立つ雲居寺。隋代に幽州智泉寺の僧、静琬によって建立され、雲居寺東の石経山と雲居寺の地下に、隋唐代、遼代などの仏教経典の石刻が大量に保存されていた。中国の仏教寺院のなかで最大規模をほこる石経の数から、石経寺という名前ももつ。10世紀の五代以後、荒廃していたところ、遼の第6代聖宗の時代に再びさかんになり、その後、金、元、明、清といった北京に都をおいた王朝のもとで庇護された（清代には西域雲居禅林と呼ばれた）。1940年、日本軍の砲撃を受けたという歴史もある。

【地図】北京南西郊外

【地図】北京南西郊外の [★★★]
- ☐ 盧溝橋 卢沟桥ルゥゴォウチャオ
- ☐ 周口店北京原人遺跡 周口店北京人遗迹 チョウコウディエンベイジンレンイィチィ

【地図】北京南西郊外の [★★☆]
- ☐ 雲居寺 云居寺ユンジュウスー
- ☐ 潭柘寺 潭柘寺タンチェスー
- ☐ 戒台寺 戒台寺ジエタイスー
- ☐ 川底下村 川底下村チュアンディシャアチュン

【地図】北京南西郊外の [★☆☆]
- ☐ 琉璃河遺址 琉璃河遗址リィウリィハァイィチィ
- ☐ 永定河 永定河ヨンディンハァ

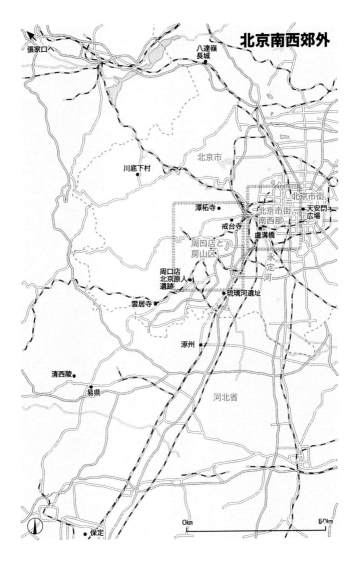

北京

雲居寺の石経

雲居寺東北にそびえる白帯山(石経山)山腹の蔵経洞、雲居寺の圧経塔の地下には大小1万4千もの石経が残されていた。隋代、雲居寺を開いた静琬は、北魏太武帝の排仏、北周武帝の排仏を目のあたりにし、仏教の経典を次世代に伝えるために師の慧思の志をついで、望山に経典を刻むことにしたのがはじまりだという(望山説教)。

▲左　高さ30mの北塔、堂々たるたたずまい。　▲右　河北省との境近くに立つ雲居寺

遼代に建てられた南北両塔

雲居寺に残る南北両塔は、北京市街に立つ天寧寺塔と同じく遼代に創建された。八角形のプラン、高さ30mの北塔は羅漢塔と呼ばれ、壁面には浮き彫りがほどこされている（また塔身が赤いところから紅塔とも呼ばれている）。敷地の西南にたつ南塔は、1117年に建立されたもので、11層からなる尖塔だったが近代に砲撃で破壊され、のちに修復が進んだ。遼の第8代道宗の碑が残る。

【地図】潭柘寺

【地図】潭柘寺の [★★☆]

☐ 潭柘寺 潭柘寺タンチェスー

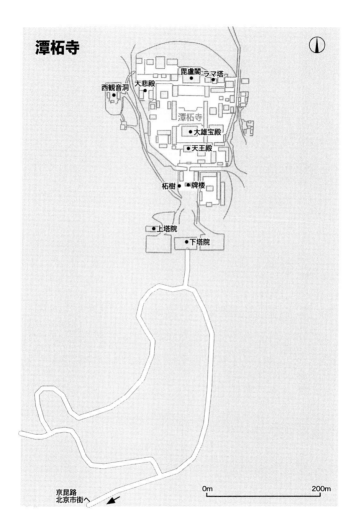

CHINA
北京

潭柘寺 潭柘寺 tán zhè sì タンチェエスー ［★★☆］

北京市街から50km西郊外にそびえる潭柘山の山腹に立つ潭柘寺。3世紀の晋の時代に創建されたことから、「先に潭柘寺有りて、後に幽州（北京）あり」と言われ、北京でもっとも由緒ある古刹だとされる。潭柘寺という名前は、このあたりの泉の水が集まって青龍潭となり、そのほとりに柘（ヤマグワ）の木が茂っていたところに由来する。この潭柘寺がもっとも栄えていたのは唐代だとされ、寺院内には金代（12〜13世紀）の石碑が残り、元代にはフビライ・ハンの娘が暮らしたこともあるなど、各時代を通じて信仰を集めてきた。

▲左　雲居寺の石刻、時代を超えて残った。　▲右　北京屈指の古刹の潭柘寺

山の斜面に伽藍が展開し、高さ16mの白のラマ塔が立つほか、南の上塔院と下塔院では70あまりの塔が見られる。

隋唐時代の幽州

長安（西安）に都がおかれた隋唐時代、幽州（北京）は都から遠く離れ、中原から東北、朝鮮半島へ続く要衝となっていた（隋の煬帝が608年に大運河を南北に開鑿したとき、その北端は北京近くの涿郡まで伸びていた）。煬帝は611年、613年、614年と北京を拠点に高句麗遠征を行なっているが、いずれも失敗に終わった。唐代になると北方民族に対する拠点

CHINA
北京

▲左　潭柘寺のラマ塔、伽藍の北東に位置する。　▲右　潭柘寺の門前には売店がならんでいた

として幽州府が北京におかれ、また唐代も後期になった713年には幽州に藩鎮とともに節度使が配置された（周辺民族の対策として辺境防備にあたり、半独立的な力をもった）。幽州の節度使として力をつけてきたのが、ソグド人の父と突厥人の母をもつ安禄山で、玄宗と楊貴妃にとり入ったが、宰相の楊国忠とそりがあわなかった。やがて安禄山は北京近郊を拠点に安史の乱（755～763年）を起こして中央に反逆し、大燕皇帝と名乗った。

【MEMO】

戒台寺 戒台寺 jiè tái sì ジエタイスー ［★★☆］

北京市街西部、潭柘寺から 8km 離れた戒台寺は、隋代の 600 年ごろに建立された古刹。唐代の武宗のときに仏教排斥を受けて荒廃したが、遼代の 1070 年、僧法均のもと巨大な戒壇がもうけられて、寺院は復興した。三段からなる戒壇は高さ 3.25m、基壇の一辺 11.3m の規模で、113 の仏龕をもち、この戒壇が寺院名となっている。泉州の開元寺（福建省）、杭州の昭慶寺（浙江省）とともに中国三大戒壇のひとつにあげられ、古くは戒壇寺と呼ばれていたが、乾隆帝が 1753 年にここを訪れ「初至戒台六韻」の詩を残してから戒台寺になっ

▲左　軒先にとうもろこしがほされている。　▲右　戒台寺の名前の由来となった戒台、ここで僧侶は戒律を授けられた

た。境内には遼代や明代の碑が立っているほか、遼代に創建されたふたつの塔が残り、北側のものには法均の遺骨がおさめられている。

遼代の伽藍配置

中国の伝統的な建築では大雄宝殿は南向きに建てられるが、この戒台寺の伽藍は東向きとなっている。これは遼の時代に建てられたためで、遊牧民族を出自とする遼では朝日を崇拝する風習があり、北京では大覚寺や雲居寺でもこのような伽藍配置が見られる。

【地図】川底下村の [★★☆]

☐ 川底下村 川底下村チュアンディシャアチュン

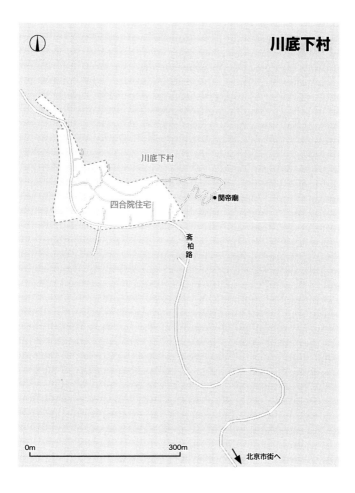

CHINA
北京

川底下村 川底下村
chuān dǐ xià cūn チュゥアンディシャアチュン ［★★☆］

北京西部の太行山脈支脈の山中にひっそりとたたずむ川底下村。明の永楽帝が南京から北京に遷都した時代の1421年、京西古道に位置するこの地に山西省から韓氏一族が移住したことで村の歴史ははじまり、現在でも村人の多くが韓姓を名乗っている（古くこの地は北京から内蒙古や山西省へ通じる要衝だった。明代、長城建設のための労働力として多くの人が移住させられた）。明清時代から続く70あまりの四合院、井戸、村廟、祠堂など伝統的な中国の村落のたたずまいを今

▲左　中国の伝統的民居四合院が続く川底下村。　▲右　川底下村の全景、四合院の住宅が密集する

に伝えている。もとはカマドを意味する「爨」が使われ、爨底下村と呼ばれていたが、現在では川底下村と呼ばれている。標高650m。

Guide,
Bei Jing Nan Di Qu
北京南城市案内

北京市街南部には12世紀の金の中都遺跡や
漢代の大葆台西漢墓博物館が残るほか
開発区として注目を集める亦庄が位置する

金中都城遺址 金中都城遗址 jīn zhōng dū chéng yí zhǐ
ジンチョンドゥチェンイィーチイ［★☆☆］

金は12世紀、遼に代わって中国北部を支配し、北京にはじめて都をおいた王朝で、1153年から1215年まで北京は金の首都となった。この金の中都は北京市街南西にあり、中都の南城壁が残っている（高いところで3m、長さは100m程度）。近くには、遼金城垣博物館が位置し、遼金時代の北京に関する展示があるほか、地下にはかつての水利施設である都城水関遺跡も見られる。

【地図】北京市街南部

【地図】北京市街南部の [★☆☆]

- ☐ 金中都城遺址 金中都城遺址
  ジンチョンドゥチェンイィーチイ
- ☐ 大葆台西漢墓博物館 大葆台西漢墓博物館
  ダァバオタイスィーハンムゥボォウーガン
- ☐ 南苑 南苑ナンユァン
- ☐ 亦庄 亦庄イィーチュァン

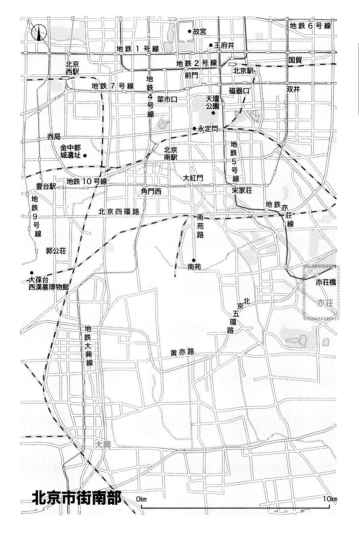

北京南城市案内

北京

東北からの征服王朝

金は満州北部の森林で狩猟や農耕を生業にしていた女真族を出自とし、12世紀に入ったころから力をつけ、やがて遼に代わって中国北部を支配するようになった。金の海陵王は遼の南京があった今の北京に新たに中都を造営し、1153年、黒龍江省の上京からこの地に遷都した（宋の都開封をもとに都の造営は進み、1151年から120万人もの人々が動員されたと言われる）。海陵王は恐怖政治を行なったことから、のちに皇帝の位から落とされ、帝ではなく王の称号で呼ばれている。

▲左　金の時代に離宮がおかれた北海公園。　▲右　永定門は北京外城の正門にあたった

大葆台西漢墓博物館 大葆台西漢墓博物館
dà bǎo tái xī hàn mù bó wù guǎn
ダァバオタイスィーハンムゥボォウーガン　[★☆☆]

北京郊外の大葆台村で発掘された漢代の陵墓跡に建てられた大葆台西漢墓博物館。陵墓の1号墓は燕王旦か、その孫の広陽王のもの、2号墓はその妃のものとされる。これらの墓室には外回廊がめぐらされ、その内側に総数1万5800の角材が積み重ねられている（高さ3m、厚さ90cm、長さは42m）。また皇族が起居したと考えられる房跡も確認できる。1974から75年にかけて発掘された。

南苑 南苑 nán yuàn ナンユァン ［★☆☆］

永定門から南に 16km くだったところ、北京市街を南北につらぬく軸線上に位置する南苑（北は大紅門から黄村までの地域を呼ぶ）。ここは元代には南海子と呼ばれる放牧地だったところで、明代、そこを広げて生垣をめぐらして南苑とし、明清代を通じて皇帝が訪れる行宮となった。1904年、袁世凱がここに兵営をおいてから軍隊の駐屯地となり、1937年に盧溝橋事件が起こったとき、宋哲元が駐屯していたが、日本軍に奪取された。

▲左　永定門外の南郊外にも高層ビルが見られるようになった。　▲右　象の彫刻が見える、盧溝橋西端にて

琉璃河遺址 琉璃河遗址
liú lí hé yí zhǐ リィウリィハァイィチィ [★☆☆]

北京市房山区董家林に位置する瑠璃河遺跡。ここは西周時代（前11世紀～前771年）にさかのぼる都城跡で、続く春秋戦国時代には燕の都がおかれ、当時の城壁跡が残っている。燕はこの場所に15代にわたって都をおいたのち臨易へ遷り、その2代後の襄公のときに北京市街の薊城に遷ったと考えられる。

【地図】亦荘

【地図】亦荘の [★☆☆]
- 亦庄 亦庄イィーチュァン

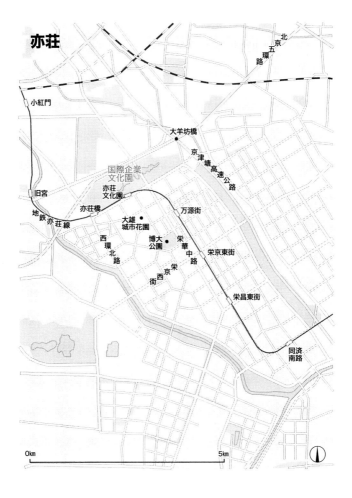

北京

亦庄 亦庄 yì zhuāng イィーチュァン ［★☆☆］

北京市街から南東部に位置し、北京の衛星都市として急速に開発が進められている亦庄(第5環状線と第6環状線のあいだにあり、北京空港から25kmの距離)。自然と調和した都市環境を目指し、急増する都市人口に応えることが期待されている。新しい産業を集積するために実験的な政策も行なわれている。

世紀の発見と失踪

CHINA
北京

人々が薬用として使用していた竜骨
そのなかから北京原人の化石が発見された
50万年のときをへてよみがえった太古の記憶

竜骨からの発見

周口店の竜骨山では、象やサイ、鹿、馬、牛、羊、ブタなどの骨が化石化した竜骨が採取され、それは古来、漢方薬の材料として重宝されていた（一晩、酒にひたしてから乾かし、茶に入れて飲むと強壮剤になり、中風、マラリア、赤痢、小児麻痺などに効果があるという）。農民は竜骨を粉々して漢方店に売っていたが、20世紀初頭、北京を訪れたスウェーデン人学者アンダーソンは、地元住民の案内でこの地を訪れ、ほ乳類の化石が出土することを知った。この竜骨からヒトの化石が見つかり、今から50万年前に生きた北京原人の存在

が明らかになった。また河南省安陽では、竜骨の表面に文字らしきものが確認され、それこそ甲骨に書かれた殷代の文字、甲骨文字だったことがわかった(それまで中国最古の文字は、周代の金文だと考えられていた)。

考古学者たちの情熱

竜骨のなかに古代生物の化石が混じっているのでは？　アンダーソンの指揮のもと、周口店の発掘が行なわれ、1921年の調査で人類のものと思われる臼歯が発見された（歯は身体のなかでももっとも硬く、エナメル質で覆われ、化石として

CHINA
北京

残るという特徴がある)。当時は類人猿のものではないかと考えられていたが、その後、1926年、スウェーデン皇太子の来中にあわせ、「50万年前〜40万年前の人類の歯を発見」と発表された。1927年、類人猿らしき歯の形状から、カナダの形質人類学者ブラックはシナントロプス・ペキネンシス(北京原人)という名前をつけ、注目が集まるなか、1929年に中国人の裴文中が周口店の第一点で北京原人の完全な頭蓋骨の発掘に成功した。

▲左　ここで50万年前に生きた北京原人の骨が発見された。　▲右　道具や火を使った生活をしていたと考えられている

失踪した北京原人の化石

1937年、日中戦争がはじまると周口店での発掘は中止となり、北京原人の化石は戦火で失われるのをさけるためロックフェラー財団の北京共和医学院に保存されていた（アメリカのロックフェラー財団は、世界中のさまざまな研究を援助していた）。日中戦争の激化にともない、北京原人の化石をアメリカなど安全な場所へ移そうと考えられていたが、日本軍が協和医学院を訪れたとき、北京原人の化石は消えていた。北京原人の化石がどこにあるかは今でもわかっておらず、アメリカ軍基地のある秦皇島に運ばれ、その途中、海中に沈ん

CHINA
北京

だという説、秦皇島に運ばれた北京原人の化石は日本軍に接収されて満州に向かったがその価値がわからずに捨てられてしまったという説、ひそかにアメリカに向かい、今でもアメリカにあるという説、中国人が粉末にして漢方薬にしてしまったという説などがある。

Lugouqiao

世紀の発見と失踪

参考文献

『盧溝橋事件の研究』(秦郁彦 / 東京大学出版会)

『北京の史蹟』(繭山康彦 / 平凡社)

『北京原人匆匆来去』(賈蘭坡 / 日本経済新聞社)

『北京・潭柘寺仏塔研究』(松木民雄 / 北海道東海大学紀要)

『北京・戒台寺の諸仏塔』(松木民雄 / 北海道東海大学紀要)

『中国・北京郊外に取り残された四合院の集落 川底下村』(鈴木喜一・大橋富夫・楢村徹 / 住宅建築)

『周口店遺址志』(北京市崇文区地方志編纂委員会 / 北京出版社)

『世界大百科事典』(平凡社)

［PDF］北京空港案内 http://machigotopub.com/pdf/beijingairport.pdf

［PDF］北京空港シャトルバス路線図 http://machigotopub.com/pdf/beijingairportbus.pdf

［PDF］北京地下鉄路線図 http://machigotopub.com/pdf/beijingmetro.pdf

［PDF］地下鉄で「北京めぐり」http://machigotopub.com/pdf/metrowalkbeijing.pdf

［PDF］北京新都心 CBD 案内 http://machigotopub.com/pdf/beijingcbdmap.pdf

まちごとパブリッシングの旅行ガイド

Machigoto INDIA , Machigoto ASIA , Machigoto CHINA

【北インド - まちごとインド】

001 はじめての北インド
002 はじめてのデリー
003 オールド・デリー
004 ニュー・デリー
005 南デリー
012 アーグラ
013 ファテープル・シークリー
014 バラナシ
015 サールナート
022 カージュラホ
032 アムリトサル

【西インド - まちごとインド】

001 はじめてのラジャスタン
002 ジャイプル
003 ジョードプル
004 ジャイサルメール
005 ウダイプル
006 アジメール（プシュカル）
007 ビカネール
008 シェカワティ
011 はじめてのマハラシュトラ
012 ムンバイ
013 プネー
014 アウランガバード
015 エローラ
016 アジャンタ
021 はじめてのグジャラート
022 アーメダバード
023 ヴァドダラー（チャンパネール）
024 ブジ（カッチ地方）

【東インド - まちごとインド】

002 コルカタ
012 ブッダガヤ

【南インド - まちごとインド】

001 はじめてのタミルナードゥ
002 チェンナイ
003 カーンチプラム
004 マハーバリプラム
005 タンジャヴール
006 クンバコナムとカーヴェリー・デルタ
007 ティルチラパッリ
008 マドゥライ
009 ラーメシュワラム
010 カニャークマリ
021 はじめてのケーララ
022 ティルヴァナンタプラム
023 バックウォーター（コッラム〜アラップーザ）
024 コーチ（コーチン）
025 トリシュール

【ネパール - まちごとアジア】

001 はじめてのカトマンズ
002 カトマンズ
003 スワヤンブナート

004 パタン
005 バクタプル
006 ポカラ
007 ルンビニ
008 チトワン国立公園

【バングラデシュ - まちごとアジア】

001 はじめてのバングラデシュ
002 ダッカ
003 バゲルハット（クルナ）
004 シュンドルボン
005 プティア
006 モハスタン（ボグラ）
007 パハルプール

【パキスタン - まちごとアジア】

002 フンザ
003 ギルギット（KKH）
004 ラホール
005 ハラッパ
006 ムルタン

【イラン - まちごとアジア】

001 はじめてのイラン
002 テヘラン
003 イスファハン
004 シーラーズ
005 ペルセポリス
006 パサルガダエ（ナグシェ・ロスタム）
007 ヤズド
008 チョガ・ザンビル（アフヴァーズ）
009 タブリーズ
010 アルダビール

【北京 - まちごとチャイナ】

001 はじめての北京
002 故宮（天安門広場）
003 胡同と旧皇城
004 天壇と旧崇文区
005 瑠璃廠と旧宣武区
006 王府井と市街東部
007 北京動物園と市街西部
008 頤和園と西山
009 盧溝橋と周口店
010 万里の長城と明十三陵

【天津 - まちごとチャイナ】

001 はじめての天津
002 天津市街
003 浜海新区と市街南部
004 薊県と清東陵

【上海 - まちごとチャイナ】

001 はじめての上海
002 浦東新区
003 外灘と南京東路
004 淮海路と市街西部
005 虹口と市街北部
006 上海郊外（龍華・七宝・松江・嘉定）
007 水郷地帯（朱家角・周荘・同里・甪直）

【河北省 - まちごとチャイナ】

001 はじめての河北省
002 石家荘
003 秦皇島
004 承徳
005 張家口
006 保定
007 邯鄲

【江蘇省 - まちごとチャイナ】

001 はじめての江蘇省
002 はじめての蘇州
003 蘇州旧城
004 蘇州郊外と開発区
005 無錫
006 揚州
007 鎮江
008 はじめての南京
009 南京旧城
010 南京紫金山と下関
011 雨花台と南京郊外・開発区
012 徐州

【浙江省 - まちごとチャイナ】

001 はじめての浙江省
002 はじめての杭州
003 西湖と山林杭州
004 杭州旧城と開発区
005 紹興
006 はじめての寧波
007 寧波旧城
008 寧波郊外と開発区
009 普陀山
010 天台山
011 温州

【福建省 - まちごとチャイナ】

001 はじめての福建省
002 はじめての福州
003 福州旧城
004 福州郊外と開発区
005 武夷山
006 泉州
007 厦門
008 客家土楼

【広東省 - まちごとチャイナ】

001 はじめての広東省
002 はじめての広州
003 広州古城
004 天河と広州郊外
005 深圳(深セン)
006 東莞
007 開平(江門)
008 韶関
009 はじめての潮汕
010 潮州
011 汕頭

【遼寧省 - まちごとチャイナ】

001 はじめての遼寧省
002 はじめての大連
003 大連市街
004 旅順
005 金州新区

006 はじめての瀋陽
007 瀋陽故宮と旧市街
008 瀋陽駅と市街地
009 北陵と瀋陽郊外
010 撫順

【重慶 - まちごとチャイナ】

001 はじめての重慶
002 重慶市街
003 三峡下り（重慶〜宜昌）
004 大足

【香港 - まちごとチャイナ】

001 はじめての香港
002 中環と香港島北岸
003 上環と香港島南岸
004 尖沙咀と九龍市街
005 九龍城と九龍郊外
006 新界
007 ランタオ島と島嶼部

【マカオ - まちごとチャイナ】

001 はじめてのマカオ
002 セナド広場とマカオ中心部
003 媽閣廟とマカオ半島南部
004 東望洋山とマカオ半島北部
005 新口岸とタイパ・コロアン

【Juo-Mujin（電子書籍のみ）】

Juo-Mujin 香港縦横無尽
Juo-Mujin 北京縦横無尽
Juo-Mujin 上海縦横無尽

【自力旅游中国 Tabisuru CHINA】

001 バスに揺られて「自力で長城」
002 バスに揺られて「自力で石家荘」
003 バスに揺られて「自力で承徳」
004 船に揺られて「自力で普陀山」
005 バスに揺られて「自力で天台山」
006 バスに揺られて「自力で秦皇島」
007 バスに揺られて「自力で張家口」
008 バスに揺られて「自力で邯鄲」
009 バスに揺られて「自力で保定」
010 バスに揺られて「自力で清東陵」
011 バスに揺られて「自力で潮州」
012 バスに揺られて「自力で汕頭」
013 バスに揺られて「自力で温州」

【車輪はつばさ】
南インドのアイラヴァテシュワラ寺院には建築本体に車輪がついていて寺院に乗った神さまが人びとの想いを運ぶと言います。

・本書はオンデマンド印刷で作成されています。
・本書の内容に関するご意見、お問い合わせは、発行元の
　まちごとパブリッシング info@machigotopub.com までお願いします。

まちごとチャイナ
北京009盧溝橋と周口店
〜マルコポーロ・ブリッジと「北京原人」［モノクロノートブック版］

2017年11月14日　発行

著　者	「アジア城市（まち）案内」制作委員会
発行者	赤松　耕次
発行所	まちごとパブリッシング株式会社
	〒181-0013　東京都三鷹市下連雀4-4-36
	URL http://www.machigotopub.com/
発売元	株式会社デジタルパブリッシングサービス
	〒162-0812　東京都新宿区西五軒町11-13
	清水ビル3F
印刷・製本	株式会社デジタルパブリッシングサービス
	URL http://www.d-pub.co.jp/

MP085

ISBN978-4-86143-219-4 C0326　　　Printed in Japan
本書の無断複製複写 (コピー) は、著作権法上での例外を除き、禁じられています。